パスケースの型紙

※この型紙は、原寸大にコピーして
　使ってください。

※実線を切ってください。

★の段ボール

段ボールの波の向き

←

●の段ボール

この面がパスケースの表側の面になります。

段ボールの波の向き

←

JN090490

知ってる？ アップサイクル

もうひとつのリサイクル

② アップサイクルをやってみよう！

さ・え・ら書房

もくじ

はじめに

「アップサイクル」ということばを聞いたことがありますか？

いらなくなったものを、もういちど、材料にもどして使うのがリサイクル。アップサイクルとは、いらなくなったものを、そのままの形で新たな価値のあるものにつくりかえる、「もうひとつのリサイクル」のことをいいます。

アップサイクルは、自分のアイデアで、世界にひとつしかないものをつくることができ、だれでも、自由に、楽しく始めることができます。そして、資源を大切にし、自然環境を守ることにもつながります。

この巻では、身近なものを使ってできるアップサイクル工作を紹介しています。いらなくなったものが、便利なアイテムに生まれかわります。アップサイクル工作で、自分だけの宝物をつくってみましょう。

アップサイクルの

アップサイクルに参加すると

つくる

買う

バザーや
フリーマーケット

Candy

Potato

アップサイクルをした
商品を売る店

いい ところ

アップサイクルは、いらなくなった
ものを、「価値（かち）」のあるものに新しく
つくりかえることです。わたしたちが
アップサイクルをすることは、自分自
身の生活を楽しくすることや、ゴミを
へらすことにつながります。あなたも
アップサイクルを始めてみませんか？

つくって楽しい！

自分の工夫（くふう）しだいで、自由につくることがで
きるため、考える楽しさがあります。

おかしのふくろを、
なににつくり
かえようかな？

ものを大切にする！

アップサイクルによってできたものは、同じ
ものがひとつとしてありません。自然（しぜん）とものを
大切にしようという気持ちになります。

ぼくだけの
さいふだ！

ゴミがへる！

使い終えてすてられるもの、古くなっていら
なくなったものを生かすため、ゴミがへり、自
然環境（ぜんかんきょう）の保護（ほご）につながります。

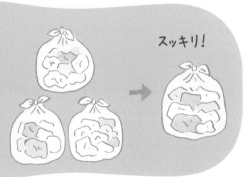

スッキリ！

アップサイクルに参加してみよう!

「買う」と「つくる」

アップサイクルにかかわる方法のひとつは、アップサイクルをしてつくられた商品を買うことです。デパートやインターネット、バザー、フリーマーケットなどで、職人さんなどがつくった商品をえらんで買うことができます。「1巻アップサイクルってなに?」で、いくつかの商品を紹介しています。

そして、もうひとつの方法が、自分の手でアイテムをつくる「アップサイクル工作」です。だれでも手軽にとりくめるアップサイクル工作の例を紹介しましょう。

自分にあった方法で、アップサイクルをやってみよう!

バザー、フリーマーケット

バザーやフリーマーケットでは、販売だけでなく、実際にアップサイクルを体験できるもよおしが開かれていることもある。

アップサイクル工作

古着のもようを生かして、ぬいぐるみをつくろう!

アップサイクル工作は、家にあるものを使い、できるかぎり素材そのもののよさを生かしてつくられる。

アップサイクル工作を やってみよう！

アップサイクル工作を 始める前に

材料やよく使う道具を紹介します。つくる前にたしかめておきましょう。

材料

段ボール

古紙

おかしやラーメンのふくろ

古着（布の切れはし）

道具

カッター　　はさみ

カッターマット

定規

千枚通し（きり）

竹ぐし

筆記用具

セロハンテープ

のり

木工用接着剤

両面テープ　　糸と針　　チャコペン

アップサイクル工作のテクニック

この本で使う道具の使い方や、材料のとくちょう、知っておいてほしいテクニックを紹介します。

●折り方の基本

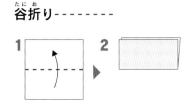

谷折り - - - - - - - -

1　2　▶

折り線が内側になるように折る。

山折り - - - - - - - -

1　2　▶

折り線が外側になるように折る。

●布のとくちょう

布には表とうらがあります。

表はもようがきれいに
見えることが多い。

うらは、もようがうすく
見えることが多い。

●段ボールのとくちょう

段ボールには向きが
あります。段ボールの
目（波）の向きに注意
しましょう。

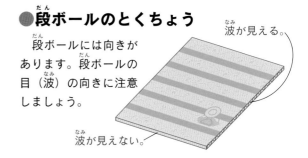

波が見える。

波が見えない。

●型紙の使い方

この本の工作には、型紙が用意されているものがあります。型紙の使い方は、
材料が段ボールか、布・ビニールのふくろかによってちがいます。

段ボール

1 型紙を切りとる

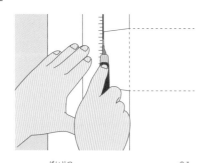

決められた倍率でコピーする。線が残るよ
うに、線の外側をカッターで切りとる。

2 型紙を段ボールにはる

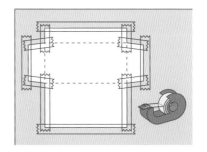

セロハンテープで、すきまができない
ようにはる。

⚠ カッターを使うときはカッターマットをしいて、手を切らないように注意しましょう。
むずかしい場合は、おうちの人に手伝ってもらいましょう。

3 型紙にそって切る

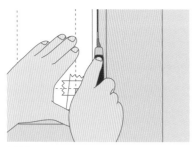

型紙にそって、カッターで切る。
切り終えたら型紙をはずす。

●折り線用の線を書く
（段ボールさいふ→ 10 ページをつくるとき）

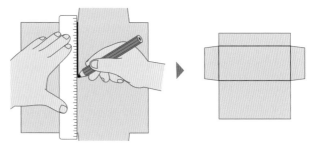

定規とえんぴつ（または油性ペン）で、図のように折り線
用の線を書く。

※型紙の切りとり方は、段ボールと同じです。

1 型紙を布にはる

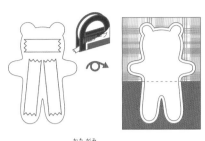

切りとった型紙がすべらないように、両面テープで布にはりつける。

2 チャコペンで写しとる

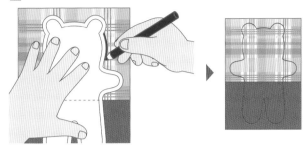

型紙にそって、チャコペンで布に型を写しとる（ビニールのふくろの場合は油性ペンを使う）。写しとったら、型紙をはずす。

● 手ぬいの基本

この本でよく登場するぬい方を紹介します。わからないときは、おうちの人に手伝ってもらいましょう。

糸のとり方

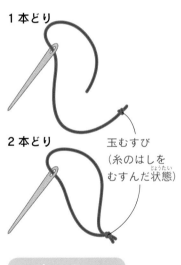

1本どり

2本どり

玉むすび
（糸のはしをむすんだ状態）

玉どめ

ぬい終えたとき、糸がぬけないようにむすぶ方法。

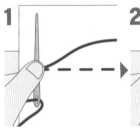
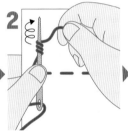
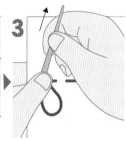

1 ぬい終わりの位置に針をあわせ、親指でおさえる。

2 布から出ている糸を、針に2〜3回巻きつける。

3 巻いた部分を親指でおさえ、針を引いて糸を引きぬく。糸のはしを少し残して切る。

なみぬい

表

うら

⑥ ④ ② 1目
面
⑤ ③ ①

本返しぬい

表

うら

1目 ⑧ ⑥ ④ ②
面
⑦ ⑤ ③ ①

さあ、アップサイクル工作を始めよう！

マークがかっこいい！
マイ段ボール
さいふ

スーパーマーケットなどで見かける
段ボール。いろいろなデザインや
マークがえがかれていますね。
マークやデザインを生かせば、
自分だけのかっこいいさいふを
つくることができます。

開くとカードを
はさめるよ！

用意するもの

●材料

- 段ボール　1箱（高さが30cmあるもの）

●道具

- カッター　・カッターマット　・えんぴつ　・はさみ
- 定規　・セロハンテープ　・きりふき（水を入れるコップでもよい）
- 木工用接着剤　・クリップ（せんたくばさみでもよい）

つくり方

本の最初にある「マイ段ボールさいふの型紙」をコピーして使います。

⚠ カッターを使うときはカッターマットをしいて、手を切らないように注意しましょう。
むずかしい場合は、おうちの人に手伝ってもらいましょう。

1 段ボールの好きなデザインの部分に型紙をおき、カッターで切りとる。

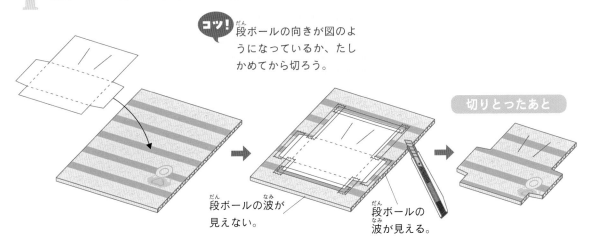

コツ! 段ボールの向きが図のようになっているか、たしかめてから切ろう。

段ボールの波が見えない。

段ボールの波が見える。

切りとったあと

2 切りとった段ボールの印刷がされていない面を、水でしめらせる。

コツ! 表面が濃い茶色になるまで、しっかりとしめらせよう。

3 水でしめらせたら、上側の紙だけていねいにはがす。

4 かわかしたら、指で段ボールの波をつぶす。

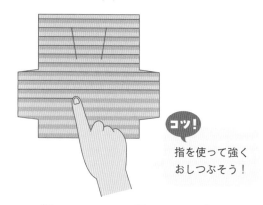

コツ！
指を使って強くおしつぶそう！

5 段ボールの印刷がされている面に、えんぴつで折り線を書く（→8ページ）。

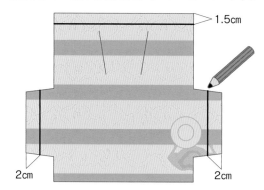

1.5cm
2cm
2cm

6 段ボールをうら返したら、折り線を書く（→8ページ）。図の順番で折って、折り目をつける。

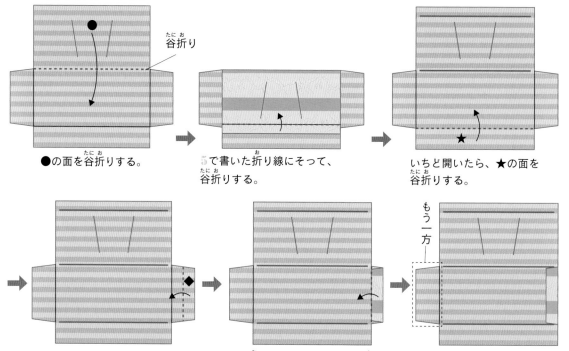

谷折り

●の面を谷折りする。

5で書いた折り線にそって、谷折りする。

いちど開いたら、★の面を谷折りする。

◆

もう一方

★の面をいちど開いたら、次に◆の面を図のように折る。さらにもういちど折る。もう一方も同じように折る。

7 折り目をつけたら開き、木工用接着剤を使って順番にはりつける。

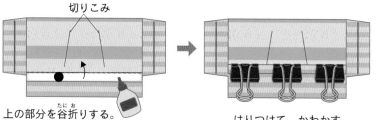

切りこみ

上の部分を谷折りする。
●に木工用接着剤をぬったら、切りこみのはしに向かって谷折りする。

はりつけて、かわかす。

コツ！
木工用接着剤をぬったら、クリップでとめて、しっかりとはりつけてね。

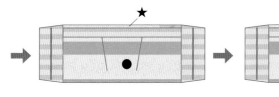

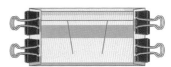

◆の面を1回折ったら、木工用接着剤をぬる。もういちど折ってはりつける。

上下をさかさにしてから、★の面
→●の面の順に折ってかさねる。

もう一方も
同じように
はりつける。

8 木工用接着剤が十分にかわいたら、半分に折る。

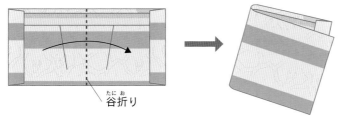

谷折り

＼こんなのもあるよ／
アレンジさいふ

段ボールさいふの工作作家である、島津冬樹さんがつくったさいふです。
どんな工夫がされているか見てみましょう。

ボタンつきのさいふ

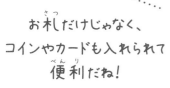

スナップボタンがついているよ。
カードやお金が落ちないように
してあるんだね!

お札だけじゃなく、
コインやカードも入れられて
便利だね!

コインケースつきのさいふ

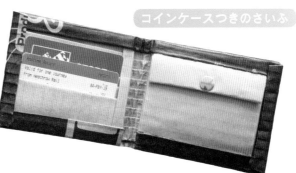

お出かけのおともに！
パスケース

お気に入りのデザインの段ボールで、
パスケースをつくってみましょう。
きっと、お出かけがもっと楽しく
なりますよ。

用意するもの

●**材料**（ざいりょう）

- 段（だん）ボール　1箱（高さが30cmあるもの）
- ひも（30〜50cm）

●**道具**

- カッター　・カッターマット
- クリップ（せんたくばさみでもよい）
- えんぴつ　・はさみ　・定規（じょうぎ）
- きりふき（水を入れるコップでもよい）
- 木工用接着剤（せっちゃくざい）

つくり方

本の最初にある「バスケースの型紙（かたがみ）」をコピーして使います。

⚠ カッターを使うときはカッターマットをしいて、手を切らないように注意しましょう。
むずかしい場合（てつだ）は、おうちの人に手伝ってもらいましょう。

1 段（だん）ボールの好きな
デザインの部分に型紙（かたがみ）をおき、
カッターで切りとる。

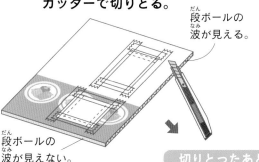

段ボールの波（なみ）が見える。

段ボールの波（なみ）が見えない。

コツ！

段（だん）ボールの向きが図のようになっているか、たしかめてから切ろう。

切りとったあと

★　●

2 切りとった段（だん）ボールの印刷（いんさつ）されていない
面を水でしめらせて、上側（うえがわ）の紙だけはがす。
かわかしたら、指で段ボールの波（なみ）をつぶす。

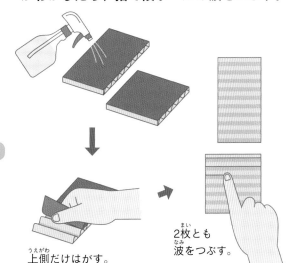

上側（うえがわ）だけはがす。

2枚（まい）とも
波（なみ）をつぶす。

3 ★の段（だん）ボールに折り目（お）をつける。

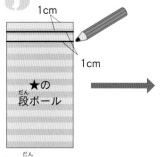

1cm

1cm

★の段（だん）ボール

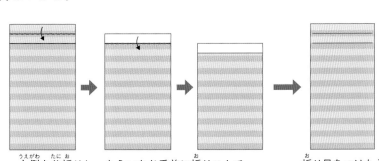

★の段（だん）ボールに、えんぴつで
図のように折り線（お）を書く。

上側（うえがわ）を谷折り（たにお）し、もういちど手前に折りこんで（お）、
折り目（お）をつける。

折り目（お）をつけたら
開く。

4 ★の段ボールにひもをとりつける。

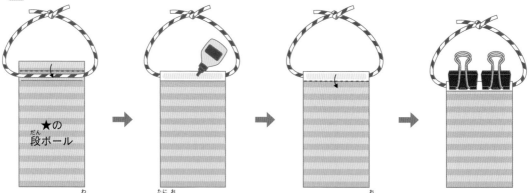

両はしをむすんで輪にしたひも
を、図のようにおいたら、ひも
をつつむように谷折りする。

谷折りした部分
に、木工用接着
剤をぬる。

もういちど手前に折りこんだら、クリップでとめて、
しっかりとはりつける。

5 ●の段ボールを谷折りして、折り目をつける。

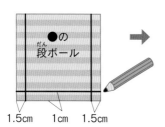

1.5cm　1cm　1.5cm

●の段ボールに、え
んぴつで図のように
折り線を書く。

それぞれ谷折りして、
折り目をつける。折
り目をつけたら開く。

6 図のように●の段ボールの角をカッターで切ったら、もういちど谷折りする。

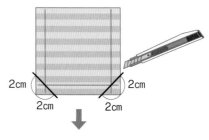

2cm　　2cm

2cm　　2cm

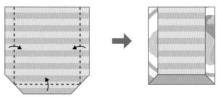

7 ★の段ボールに●の段ボールをはりあわせる。

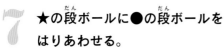

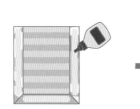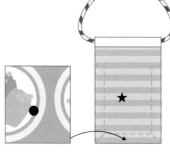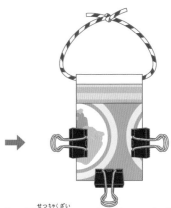

●の段ボールの折った部分
に、木工用接着剤をぬる。

●と★の段ボールの下の辺をあ
わせてはりあわせる。

木工用接着剤がかわくまで、クリッ
プでとめて、しっかりとはりつける。

おしえて！
アップサイクル

おしえてくれた人
島津冬樹さん
http://carton-f.com/

**? なぜ、段ボールを
アップサイクルしようと
思ったのですか？**

こたえ 最初からアップサイクルをしようとしたのではなく、自分に必要なものを身のまわりのものでつくろうと思ったのがきっかけです。大学生のときに、さいふを買うお金がなかったので、家にあった段ボールでさいふをつくりました。つくったときは、1か月使えればいいなと思っていましたが、気がつくと1年使えたことにおどろき、それから段ボールでさいふをつくるようになりました。

**? 段ボールでつくるときに、
心がけていることは
なんですか？**

こたえ 段ボールの多くは、だれかのサインが書かれていたり、送り状のシールがはってあったり、きずやよごれがついていたりします。でも、それは段ボールがさまざまな人から人にわたって使われたという証拠です。そんなストーリーをさいふにこめられるよう、あえてきれいな部分だけでなく、その証をさいふに生かしてつくっています。

**? アップサイクルをしてみて、
おもしろかったことはなんですか？**

こたえ 段ボールさいふをつくるようになると、段ボールひろいが楽しくなります。日本だけでなく、外国に行って段ボールをひろっていると、お金を要求されることもあれば、段ボールをかかえて空港に入ったときに、あやしまれることもありました。決して楽ではないですが、それでも段ボールひろいに夢中になってしまいます。なんでもなかった段ボールがみりょく的なものに見えてくるのが、アップサイクルのおもしろいところです。

外国で段ボールを集めている島津さん。

おかしのふくろで
かわいいバッグ

食べ終わったおかしのふくろ。
なんだかかわいくて、
すてるのはもったいない……。
なんてことはありませんか？
お気に入りのふくろで、
すてきなバッグをつくることができます。

ティッシュやハンカチ、
あめなどが入るよ！

用意するもの

●**材料（写真のバッグをつくる場合）**

- キャラメルコーンのふくろ　2ふくろ
- 持ち手用の布テープ（30〜35cm、なければ紙ぶくろについている布の持ち手や、古着の布を切って使ってもよい）

●**道具**

- ぬい針と糸（ミシンでもよい）
- 指ぬき　・定規　・はさみ
- マスキングテープ　・細めの油性ペン
- ティッシュ（ミシンを使うとき）
- 千枚通し（きりがよい。ミシンの場合は不要）
- 厚手の古雑誌（ミシンの場合は不要）

つくり方

手ぬいでもできますが、ミシンのほうが千枚通しを使わない分、かんたんにつくることができます。
⚠ 針やミシンを使うときは、けがをしないように気をつけましょう。むずかしい場合は、おうちの人に手伝ってもらいましょう。

1 ふくろの上側を切って、水でよくあらってから下側を切る。
もうひとつのふくろも、同じようにして上側と下側を切っておく。

上下ともに、なるべくきわで切りとる。

コツ！

ふくろが図のような形のときは、初めに一つひとつはさみで切りこみを入れておくと、きれいに切りやすいよ。

コツ！

少しむずかしいけど絵がらの位置をそろえたほうが、きれいにできるから、なれたらやってみてね。

⚠ 下側を切る前に、おかしの残りかすがとびちらないよう、よくあらっておきましょう。

ここは切らない。

ここは切らない。

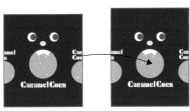

2枚の上側をそろえてかさねたときに、はみ出た部分を切って、上下の長さをそろえる。

2 2枚ともふくろの絵がらが中心になるようにおき、折り目をつける。

青い部分につめでしっかりと折り目をつける。

3 ふくろをうら返し、下側を1.5cm谷折りしたら、マスキングテープをはる。

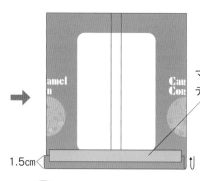

1.5cm◁

マスキングテープ

コツ！

下の辺のマスキングテープは、はったままになるから、きれいにはろう。

4 ふくろの上側を図のように三つ折りしたあと、マスキングテープで仮どめする。

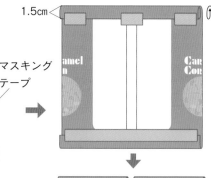

1.5cm◁

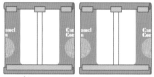

2枚とも同じようにする。

5 持ち手用の布テープを、4にぬいつける。

コツ！

大きいおかしのふくろを使う場合、ふくろの外側から持ち手の外側までのはばが、長くなるよ。

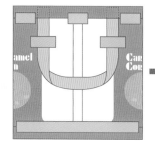

持ち手用の布テープがねじれていないかをたしかめたら、布テープをおくまでさしこみ、マスキングテープで図のように仮どめする。

△！ 千枚通しであなを開けるときは、おうちの人に手伝ってもらいましょう。

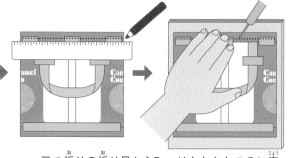

三つ折りの折り目から5mmはなれたところに定規をあて、油性ペンで5mm間かくの印をつける。古雑誌などの上におき、印をつけた部分を千枚通しでさして、あなを開ける。

2本どりで玉どめした糸（→9ページ）と針を、あなに通していく。

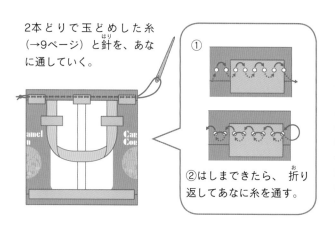

①
②はしまできたら、折り返してあなに糸を通す。

ミシンを使う場合

ミシンを使うときは千枚通しを使いません。油性ペンで印の線をつけてから、ぬいます。

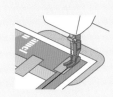

すべってうまくぬえないときは、ふくろの下に、ティッシュを1枚しいてからぬう。ぬい終えたら、やぶいてとる。

6 持ち手を折り返して、5と同じように、千枚通しであなを開けてからぬう。

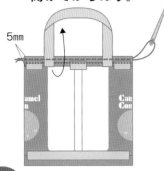

5mm

コツ！
持ち手がゆるまないように、気をつけてぬってね。

7 もう1枚も同じように持ち手をつけたら、2枚をかさねて、マスキングテープで仮どめする。

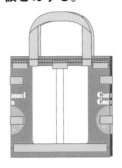

コツ！
上側をそろえてかさねよう！

8 5と同じように、ふくろの下側を千枚通しであなを開けてからぬう。

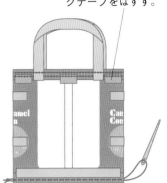

ぬい終えたら、ピンクの部分のマスキングテープをはずす。

9 仮どめした左右のマスキングテープをいちどはずし、8のぬい目で図のように折り返す。

コツ！
よこから見た折り返し

8の折り目で、折り返せているかたしかめてね。

10 左右をマスキングテープで仮どめしたら、5と同じように千枚通しであなを開けてからぬう。ぬい終えたらマスキングテープをはがす。

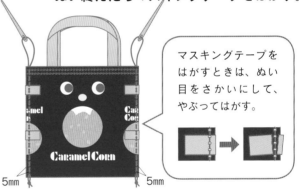

5mm　5mm

マスキングテープをはがすときは、ぬい目をさかいにして、やぶってはがす。

おしえて！

アップサイクル

おしえてくれた人
平田美咲さん
http://misaking.net/

？ なぜ、おかしのふくろをアップサイクルしようと思ったのですか？

こたえ おかしのふくろはかわいいので、すてるのはもったいないと思っていました。これらをすてずに雑貨にしたらおもしろいのではないかと思い、つくりかえたのがきっかけです。

お気に入りの古着で
自分だけの
リメぐるみ

気に入っていた洋服が、着られなくなったことはありませんか？
そんなときは、洋服を小さく切ってみましょう。
お気に入りの洋服の切れはしを組みあわせると、
自分だけのぬいぐるみ「リメぐるみ」ができあがります。

●**材料**

- 古着や布の切れはし　3枚
（それぞれ、1辺が30cmあるとよい。ぬいにくいので、キルティングやスポーツウェアの生地はさける）

- 毛糸（家になければ、着られなくなったニットの洋服などをほぐして使うのでもよい）

- かざり（ボタンやファスナー、レース、リボン、使わなくなったかみゴムなど）

●**道具**

- チャコペン　・ぬい針と糸
- はさみ　・さいばし
- 両面テープ
- フェルト用接着剤
（なければ木工用接着剤）

クマ・ウサギ・カエルのつくり方

本の最後にある「リメぐるみの型紙」のうち、クマ・ウサギ・カエル用の型紙をコピーして使います。

⚠ 針を使うときは、けがをしないように気をつけましょう。

1 布を図の大きさに切りとる。

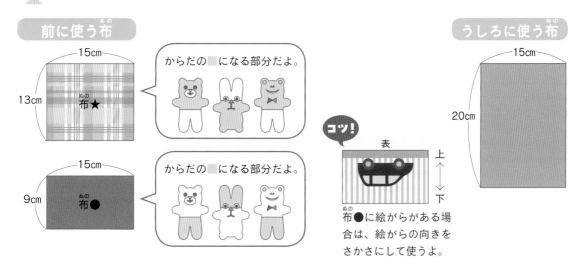

前に使う布

15cm / 13cm　布★

からだの　になる部分だよ。

15cm / 9cm　布●

からだの　になる部分だよ。

コツ！

表

布●に絵がらがある場合は、絵がらの向きをさかさにして使うよ。

うしろに使う布

15cm / 20cm

2 布●と布★を両面テープではりあわせる。はりあわせたら、図のように開く。

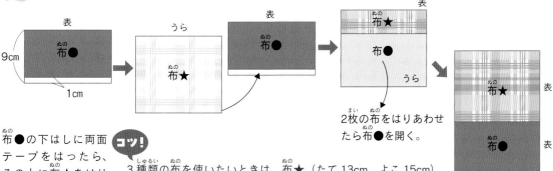

表　布●　9cm　1cm

うら　布★

表　布●

布★　布●　うら

2枚の布をはりあわせたら布●を開く。

布★　表　布●　表

布●の下はしに両面テープをはったら、その上に布★をはりあわせる。

コツ！

3種類の布を使いたいときは、布★（たて13cm、よこ15cm）のよこを8cmにして、もう1枚の布（たて13cm、よこ8cm）を用意して、同じようにはりあわせよう。

3 布★と布●をはりあわせた布に型紙をおき、チャコペンでうつしとる。

クマ・カエルの型紙（ウサギは型紙をさかさにして使う）

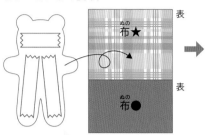

布★ 表

布● 表

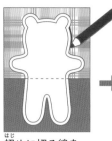

初めに切る線を写しとる。

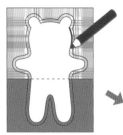

ぬう線にそって切りとった型紙をおき、ぬう線を写しとる。

写しとったあと

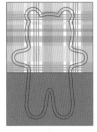

まだ切らない！

コツ！ 布はすべりやすいので、両面テープで仮どめしよう。

4 型紙を写しとった布と布◆を、図のようにかさねる。

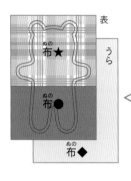

布★ 表

布● うら

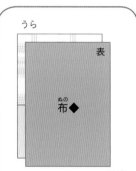

うら

布◆ 表

布◆

それぞれの布の表が外側になるようにかさねる。

5 写しとった内側の線にそって、本返しぬい（→9ページ）をする。

糸は2本どり（→9ページ）

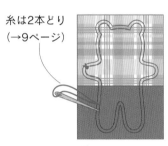

！ ぬいぐるみの耳や足、両面テープではってある部分はぬいにくいので、おうちの人に手伝ってもらいましょう。

コツ！ とちゅうで糸が終わったり、こんがらがったりしたら、玉どめ（→9ページ）してから、ぬいなおすよ。

6 写しとった外側の線にそって、布を切りぬく。

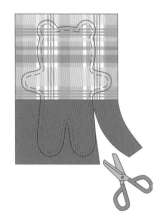

初めは手や足、耳の部分から毛糸をつめる。

7 2でとめていた両面テープをはがし、すきまからさいばしで毛糸をつめる。

コツ！

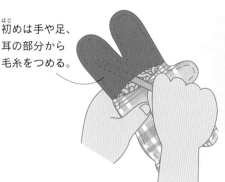

毛糸がないときは、着られなくなったニット製品をほぐして入れよう。糸口を見つけると、ほぐしやすいよ。

8 開いている部分をなみぬい（→9ページ）する。

9 フェルト用接着剤で、好きなかざりをはりつける。

⚠ 木工用接着剤ではりつける場合は、水にぬれるととれてしまうので、せんたくしないでください。

\もっとつくろう！/
ワニのリメぐるみ

用意するものは、クマ・ウサギ・カエルと同じです。本の最後にある「リメぐるみの型紙」のうち、ワニ用の型紙をコピーして使います。ここでは、布を3枚使ってつくる方法を紹介します。

1 布を図の大きさに切りとる。

前に使う布

25cm
6cm
布★

25cm
7cm
布●

うしろに使う布

25cm
12cm
布◆

2 布★と布●を両面テープではりあわせて、図のように開く。

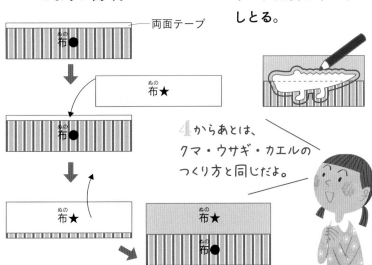

両面テープ
布●
布★
布●
布★
布★
布●

3 クマ・ウサギ・カエルをつくるときと同じように、型紙を布にうつしとる。

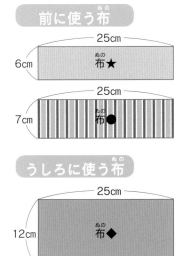

4 からあとは、クマ・ウサギ・カエルのつくり方と同じだよ。

💭 おしえて！
アップサイクル

おしえてくれた人
島本めぐみさん

? どうしてリメぐるみをつくろうと思ったのですか？

こたえ わたしが古着でつくったものに手をくわえて、自分の作品として連れて帰ってもらいたい。子ども向けのワークショップのときに感じたそんな思いから、リメぐるみはできました。ぬうのは大変ですが、ぜひやってみてくださいね。

古新聞でつくる
おしゃれな

マイえんぴつ

短くなってしまったえんぴつ。
もう使えないからといってすてていませんか？
中からしんをとりだして、新聞紙で巻くだけで
こんなにおしゃれなえんぴつができあがります。

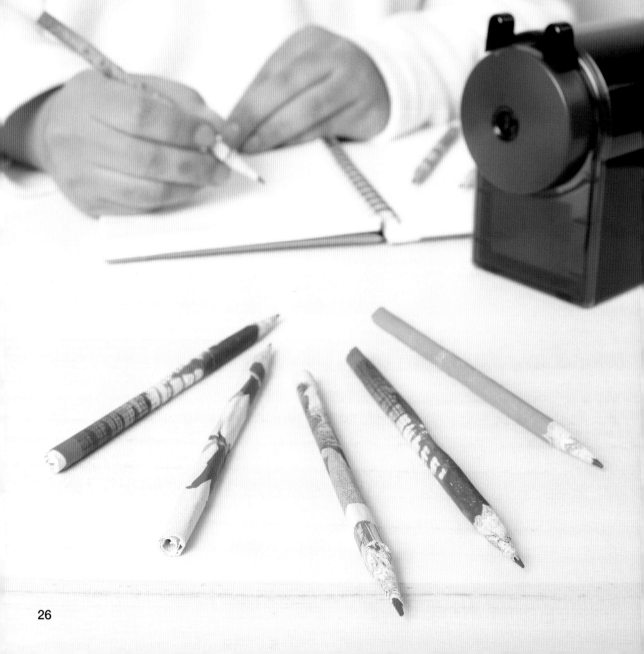

用意するもの

●材料

- お気に入りの新聞紙　半ページ
  （お気に入りの包装紙などでもよい）
- 短くなったえんぴつ　3～4本
  （しんが見えているものを使う。）

●道具

- 水を入れる皿（密閉できるふくろでもよい）
- のり（でんぷんのりがよい）
- はけ（のりをぬるためのもの。絵筆でもよい）
- はさみ　・カッター　・竹ぐし　・えんぴつけずり
- カッターマット　・段ボール（下じきでもよい）

つくり方

⚠ 竹ぐしの先でけがをしないように、切ってから使ってください。
カッターを使うときはカッターマットをしいて、手を切らないように注意しましょう。
むずかしい場合は、おうちの人に手伝ってもらいましょう。

1 えんぴつを1～2日間水にひたして
ふやかし、はさみやカッターで
しんをとりだす。

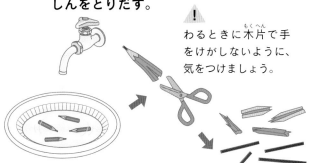

⚠ わるときに木片で手
をけがしないように、
気をつけましょう。

2 お気に入りの新聞紙を8つに折り、
はさみで切る。

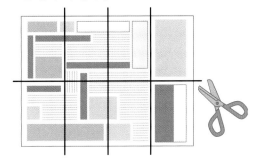

3 8つの新聞紙の中から、
外側になる紙1枚、
内側になる紙4枚をえらぶ。

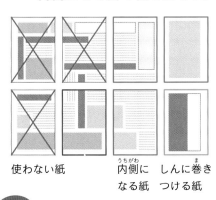

使わない紙　　内側に　　しんに巻き
　　　　　　　なる紙　　つける紙

コツ! 外側になる紙は、自分の好きな
デザインをえらぼう。

4 初めに内側になる紙3枚を竹ぐしに巻きつけ、
最後に外側になる紙を巻きつける。

初めに巻きつけ
る紙だけ、図の
ように切る。

5㎝

段ボールの上に
おいて、新聞紙
のピンクの部分
にのりをぬる。

図のように、
竹ぐしにきつく
巻きつける。

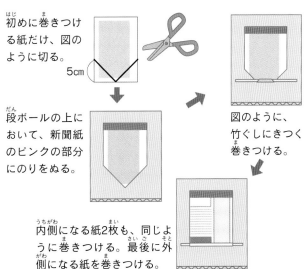

内側になる紙2枚も、同じよ
うに巻きつける。最後に外
側になる紙を巻きつける。

⚠ 直径が8mmより太くなると、えんぴつけずりに入らなくなります。新聞紙を巻く量は調節してください。

5 竹ぐしをぬき、中に **1** でとりだした、えんぴつのしんをさしこむ。

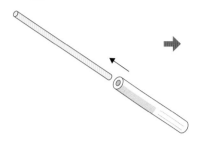

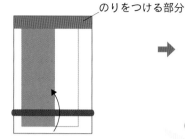

のりをつける部分

えんぴつのしんがぬけてしまわないように、しんに巻きつける紙を巻きつける。

巻きつけたしんを、ぬいた部分に1本ずつさしこむ。

コツ!

一つひとつのしんの長さにあわせて、しんに巻きつける紙の大きさをかえよう。しん1本につき紙1まいを巻いてね。

6 のりがよくかわいたら、えんぴつけずりでけずる。

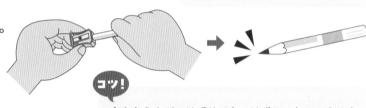

コツ!

大きなえんぴつけずりでも、けずることができるよ。

\ もっとつくろう! /

星形ゴミ箱
本の最後にある「星形ゴミ箱（底）の型紙」をコピーして使います。

えんぴつをつくるときの道具のほかに、用意するもの
新聞紙　8〜10枚、のりを入れる大きなトレー、せんたくばさみ（15こ）、
ラップのしん、油性ペン、定規

1 広げた新聞紙を8〜10枚かさねる。デザインとして使う新聞紙をいちばん上にして、せんたくばさみで左はしをとめる。

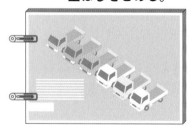

2 右面のいちばん下を開き、1枚ずつのりではりあわせる。片方の面も同じようにはりあわせる。

はり終えたら、せんたくばさみをはずす。

3 気に入った絵や写真が見えるよう、上下に2つに折って、はりあわせる。上下のはしは1cmかさねる。

1cm

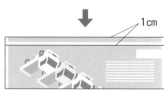

4 ラップのしんでしわをのばしたら、新聞紙の
デザインとして使う絵がらがないほうの
はしに、ゴミ箱（底）の型紙をのせる。
ペンで写しとってはさみで切りとる。

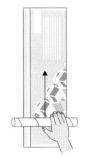

あまったところは
使わない。

コツ！

しんをころがして、
しっかりと空気をぬこう。

5 残った新聞紙のかさなっている
部分に、油性ペンで6cmおきに
10こ印をつける。

6cm

のりしろ

切りとったあと

6 印にあわせて、じゃばら状に
折りたたむ。

7 ゴミ箱の底にのりをぬり、じゃばら状に
折りたたんだ新聞紙にはる。

のり

はりつけたらとれな
いよう、せんたくば
さみでとめる。

のりしろを折って、
のりをつける。

じゃばら状に折りたたんだ新
聞紙を図のようにさかさに立
てて、底をはりあわせる。

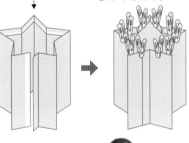

8 1日かわかしたら
せんたくばさみを
はずし、引っくり
返してもう1日
かわかす。

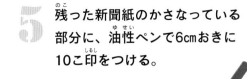

おしえて！

アップサイクル

おしえてくれた人
小澤榮一さん

？ なぜ、新聞紙をアップサイクルしようと
思ったのですか？

こたえ 新聞社勤めのとき急な転勤で、家族とはなれて一人ぐ
らしをしていたころのことです。当時ゴミ箱が家にな
かったので、高校生のときにしていたはりぼてづくりを思い
だし、古新聞を使ってつくったのがきっかけになっています。

ゴムを引っかければ
とじるよ!

空きぶくろでつくる
かわいいペンケース

わたしたちの身のまわりにあるプラスチックのふくろ。
使い終わったら、すててしまうことが多いですよね。
でも、プラスチックのふくろを切り分けてつくったチップをぬいあわせると、
じょうぶなペンケースに変身します。

● **材料**（ざいりょう）（写真のペンケースをつくる場合）

・チキンラーメンのふくろ

（5こ入りのパックを4ふくろ分）

※ほかのラーメンやおかしのふくろ、商品パッケージなどでもつくることができる。ふだんからVチップをつくって、86こためておくとよい。

・ゴムひも（13～15㎝）

・ボタン（ボタンあなが大きいもの）

● **道具**

・セロハンテープ　・両面テープ

・マスキングテープ　・カッター　・ホチキス

・カッターマット　・細めの油性ペン（ゆせい）

・定規（じょうぎ）　・ふせん　・手ぬい糸　・はさみ

・とじ針（ばり）（とじ針がないときは、クリアファイルや厚紙（あつがみ）を切って右のような針（はり）をつくるとよい）

はさみやカッターなどであなを開ける。

1.2cm

7cm

つくり方

本の最後にある「ペンケースの型紙」をコピーして使います。

⚠ カッターを使うときはカッターマットをしいて、手を切らないように注意しましょう。
むずかしい場合は、おうちの人に手伝（てつだ）ってもらいましょう。

1 図のとおりに窓（まど）を開けた型紙（かたがみ）をラーメンのふくろの上におき、
油性ペン（ゆせい）で印（しるし）をつけてから、カッターで切りとる。

外ぶくろ　……4ふくろ用意

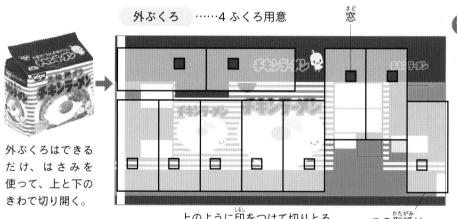

窓（まど）

コツ！

切りとったふくろが、型紙（かたがみ）より5㎜ぐらい小さくても問題ないよ。外側に見せたいもようが、窓（まど）から見えるように型紙（かたがみ）をおいてね。

⚠ 型紙（かたがみ）の窓（まど）は切りとりますが、切りとったふくろの窓（まど）は、切りとらないでください。

外ぶくろはできるだけ、はさみを使って、上と下のきわで切り開く。

上のように印（しるし）をつけて切りとる。

この型紙（かたがみ）は、はみ出してよい。

下のように型紙（かたがみ）をおいた1こぶくろ　……6ふくろ用意

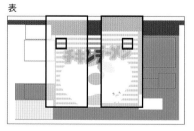

表

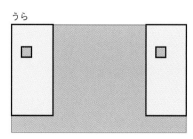

うら

1こぶくろは、手でていねいに引っぱって開き、水であらう。

表もうらも上のように印（しるし）をつけて切りとる。

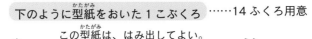

下のように型紙をおいた1こぶくろ ……14 ふくろ用意

この型紙は、はみ出してよい。

表

うら

7cm

7cm

底の部分は型紙がない。

表は上のように印をつけて切りとる。

どれか1ふくろだけ図の大きさになるよう、油性ペンで印をつける。

2 切りとったふくろの枚数をたしかめたら、Ｖチップというパーツをつくる。

切りとったふくろの枚数
★窓のもよう（茶色）→ 24 枚
★窓のもよう（しましま）→ 34 枚
　窓のもよう（ひよこちゃん）→ 14 枚
　窓のもよう（銀色）→ 12 枚
　底に使うもの→ 2 枚

⚠ ★の部分はふくろがあまります。

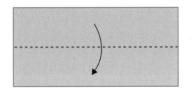

窓の印をつけた面をうらにして、よこ半分に谷折りする。

コツ！
しっかり折り目をつけよう。

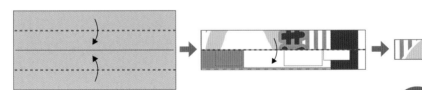

図のようにたたんで細くしていく。

コツ！
はしとはしのあいだに、少しすきまを空けて折るよ。

コツ！
Ｖチップは窓のもようごとに分けておくと、あとで組み立てやすいよ。

窓の印のあるほうを山折りして、たて半分に折り目をつける。

いちど開いたら、折り目にむかって図のように折る。

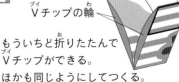

Ｖチップの先

Ｖチップの輪

もういちど折りたたんでＶチップができる。
ほかも同じようにしてつくる。

3 Vチップを12こつなぐ。Vチップを12こつなげたものを、7本つくる。

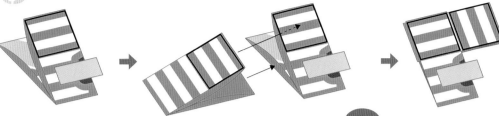

1つ目のVチップにだけ、
ふせんをはっておく。

1つ目のVチップの輪に、2つ目
のVチップをおくまでさしこむ。

コツ!

1つ目のVチップの先が、開かない
ようにしよう。

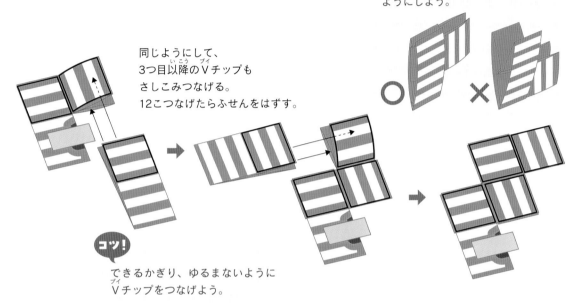

同じようにして、
3つ目以降のVチップも
さしこみつなげる。
12こつなげたらふせんをはずす。

コツ!

できるかぎり、ゆるまないように
Vチップをつなげよう。

銀色のVチップを
つなげたもの1組

茶色のVチップを
つなげたもの2組

しましまのVチップを
つなげたもの1組

ひよこちゃんとしましまのVチッ
プをつなげたもの3組

4 ペンケースの底となる部分をつくる。

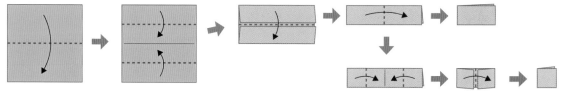

銀色の面をうらにしたら図のようにして、Ｖチップをつくる。

ひとつのＶチップは図のようにのばしてから、もう一方のＶチップの輪にさしこむ。

さしこんだ先を図のように折りこんで、四角形のチップをつくる。

5 リングを7こつくる。

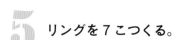

コツ！

12こ目のＶチップがうまく11こ目の先に入らないときは、むりして入れない。セロハンテープで11こ目と12こ目をはりあわせて、リングをつくろう。

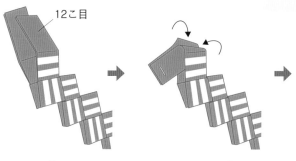

12こ目のＶチップを引き出して長くのばし、内側に曲げて、はしをホチキスでとめる。

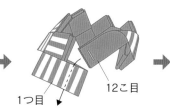

12こ目のＶチップを、1つ目のＶチップにさしこみ、11こ目の先に入れる。

よこから見た図

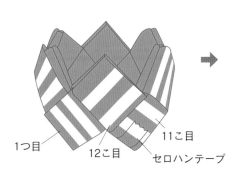

12こ目のはしがはみ出さないよう、セロハンテープをはさむようにはり、リングができる。

できあがった7つのリング

コツ！

上から見たときの形が、こうなっているかな？　たしかめてね。

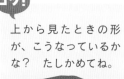

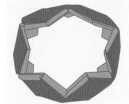

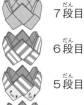
7段目
6段目
5段目
4段目

3段目

2段目

1段目

糸の基本的な通し方

6の工程から、糸を通します。糸の基本的な通し方を読んでからつくり始めましょう。

段の上下を確認してかさね、図のように2本どりした糸を通す。糸を2〜3周通して、ゆるみやすきまができないよう、しっかりとつなぐ。

⚠️ 段の上下をまちがえると、ひよこちゃんがさかさになるので、たしかめてかさねてください。

かさねたときに、ひよこちゃんの向きがこうなる。

糸が短くなった場合

糸を5cmほど残して針のところで切り、新しい糸を針に通して糸の先を4本まとめてむすぶ。

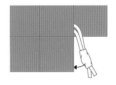

糸の始末

通し終えたら、両面テープを糸のはしに巻きつけ、Ｖチップのすきまにおしこみ、見えないようにする。

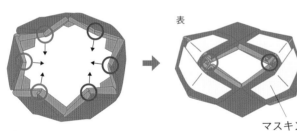

---

6 1段目のリングに2本どりした糸を通して、底のチップをとりつける。

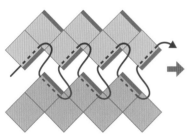

1段目の6つの頂点（〇印と●印）をそれぞれくっつけてマスキングテープで仮どめする。

マスキングテープ

セロハンテープをはる。

うら返して中央のあなに4でつくった底のチップをはめ、うら側からセロハンテープでとめる。

底のチップ

コツ！

すきまができないよう、糸をきつく引きながら糸を通そう。それでもすきまができるときは、外側からもセロハンテープをはって底をとめよう。

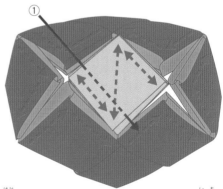

初めにマスキングテープをはずし、①の位置から--→向きに底のチップの輪へ糸を通す。通したら糸のはしは、糸の始末をする。次に茶色のＶチップの輪や底のチップの輪に糸を通してつなぐ。--→の部分すべてに、2回以上糸を通して固定する（--→を通す順番は決まっていない。やりやすいところから糸を通す）。

35

7 底をとりつけたリングに、残りのリングをかさねて組みあわせる。

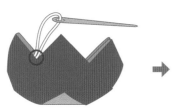

とじ針が通るあなをふさがない。

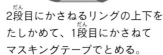

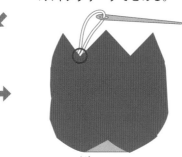

底をつないだ糸を、1段目の〇をしたところから出す。

2段目にかさねるリングの上下をたしかめて、1段目にかさねてマスキングテープでとめる。

コツ！ クリアファイルでつくった針を使っている場合は、マスキングテープをはずしながら糸を通していこう。

●のところから、➡の順に糸を通す。

糸を2〜3周通したら、マスキングテープをはずし、2段目の〇をしたところから糸を出す。

3段目以降のリングも、同じようにして糸でつなぐ。

コツ！ 糸を通し始めた地点がわかるように、マスキングテープに印をつけておこう。

8 ボタンとゴムをとりつける。

ボタンをつけた反対側

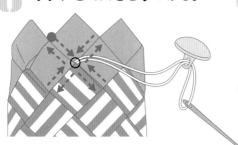

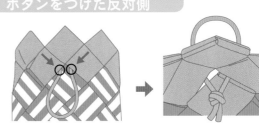

7段目のリングをつないだ糸を〇から出し、ボタンあなに糸を通す。そのあと、●のところから--➡の部分すべてに2回以上、糸を通してボタンをとりつける（--➡の通す順番は決まっていない。やりやすいところから糸を通す）。糸の始末（→35ページ）をする。

コツ！ クリアファイルでつくった針を使っている場合は、針から糸をはずしてからボタンあなに通そう。通し終えたら、糸が短くなった場合（→35ページ）の処理をしてね。

➡のところに、ゴムひもの両はしをさしこむ。

内側で、2本まとめてむすぶ。

コツ！ ゴムがゆるいと筆箱の中身が出るので、ボタンにかけてゴムの長さを調節しよう。

もっとつくろう！
小鳥のストラップ

洗剤のつめかえ用ぶくろ（1ふくろ）でつくる方法を紹介します。ラーメンやおかしのふくろでもつくることができます。

ペンケースをつくるときの道具のほかに、用意するもの　　両面テープ、糸とおし、ひも（たこ糸など）

1 洗剤のつめかえ用ぶくろに、油性ペンで図のように印をつけて青線部分を切りとる。

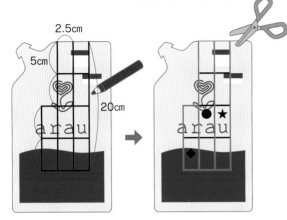

2.5cm
5cm
20cm
arau

2 切りとったものを折って、Vチップをつくる。

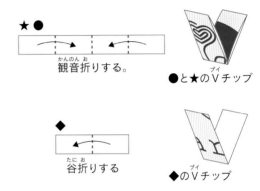

★●
観音折りする。
●と★のVチップ

◆
谷折りする
◆のVチップ

3 Vチップを順番に組みあわせて、からだと頭をつくる。

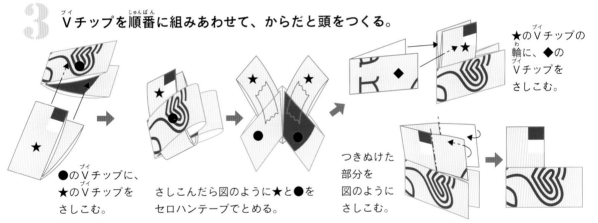

●のVチップに、★のVチップをさしこむ。

さしこんだら図のように★と●をセロハンテープでとめる。

★のVチップの輪に、◆のVチップをさしこむ。

つきぬけた部分を図のようにさしこむ。

4 頭の部分に糸とおしでひもを通して、ひものはしをむすぶ。

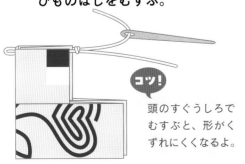

コツ！
頭のすぐうしろでむすぶと、形がくずれにくくなるよ。

5 あまっているふくろの部分で好きな形のくちばしや羽をつくり、両面テープでとりつける。目玉を油性ペンでかく。

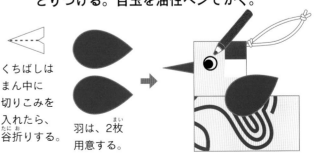

くちばしはまん中に切りこみを入れたら、谷折りする。

羽は、2枚用意する。

おしえて！

アップサイクル

坂井久美子さん
（ヴィークラフト）
http://vvv-craft.jp/

**？ なぜ、プラスチックの
ふくろをアップサイクル
しようと思ったのですか？**

こたえ おかしのふくろでつくったメキシコの手工芸品と出会い、つくり方を研究してできたのがこの『Vクラフト』です。新しいものをデザインしたい気持ちと、自然環境を守りたいという思いから、わたしのアップサイクルの活動が始まりました。

**？ これから、チャレンジ
してみたいことは
ありますか？**

こたえ プラスチックのふくろだけでなく、さまざまな廃材を企業や地域から集めて、子どもたちと自由に工作をしたり、アップサイクルでできた商品を企画したりする「子どものデザイン工房」をつくることが夢です。未来をデザインできる子どもに育ってほしいですね！

**？ 坂井さんといっしょにとりくみを
始めたきっかけをおしえてください。**

宮島一憲さん
（日清食品ホールディングス株式会社）

こたえ 近年、国際的な課題になっているプラスチックのゴミをへらすことについて、多くの子どもたちに考えてもらうには、どうすればよいかと考えていたところ、廃材をそのまま使って新しいものをつくる「アップサイクル」がおもしろいと思い、ヴィークラフトさんにお声がけしたのがきっかけです。

「カップヌードルミュージアム横浜」で開かれたアップサイクルのワークショップの小物入れ。

**？ 坂井さんといっしょにとりくみを
始めたきっかけをおしえてください。**

横山　聡さん
（サラヤ株式会社）

こたえ 大阪で環境をテーマにした展示をしていたとき、大阪環境産業振興センターの人からご紹介いただいたのがきっかけです。「環境に貢献」し「持続可能な社会の実現」を目指すサラヤは、ヴィークラフトさんのアップサイクルのとりくみに共感し、洗剤のふくろ（廃材）を提供するようになりました。

38

こんなアップサイクルがあるよ！

すててしまう空箱を、まるで本物の動物や乗りもののようにつくりかえることができる人がいます。アップサイクル工作によって生まれた、これらの作品は芸術としても価値があると注目されています。

ティッシュの空箱でつくったアザラシ

まさに、芸術作品！

どれも、かっこいいね！

おかしの空箱でつくった飛行機

\こんな本もあるよ！/

『お菓子の箱だけで作る空箱工作』

（はるきる　著　ワニブックス　刊）

これらの空箱工作をつくった人が、空箱職人はるきるさん。はるきるさんの作品はすべて、空箱をパーツに切り分け、のりではりあわせてつくられている。

これまでに、はるきるさんのつくった作品が紹介されています。また、初心者でもつくることができる空箱工作が5つのっています。

● 装丁・デザイン
鷹觜麻衣子

● DTP
有限会社 チャダル

● キャラクター、本文イラスト
ハラアツシ

● 工程イラスト
坂川由美香

● 写真撮影
糸井康友

● 執筆協力
田中真理

● 校正協力
村井みちよ

● 編集制作
株式会社 童夢

● 工作監修（五十音順、敬称略）
P26～ P29：小澤榮一（お気に入りの新聞紙で作ろう！）
P30～ P38：坂井久美子（ヴィークラフト http://vvv-craft.jp/）
P10～ P17：島津冬樹（http://carton-f.com/）
P22～ P25：島本めぐみ
P18～ P21：平田美咲（http://misaking.net/）

● 取材協力（五十音順、敬称略）
サラヤ株式会社
日清食品ホールディングス株式会社

● 写真協力（五十音順、敬称略）
空箱職人 はるきる
サラヤ株式会社
株式会社東ハト
日清食品ホールディングス株式会社
株式会社ワニブックス

知ってる？ アップサイクル　❷アップサイクルをやってみよう！

2020 年 3 月　第 1 刷発行　　2024 年 2 月　第 3 刷発行

編　者　「知ってる？ アップサイクル」編集委員会
発行者　佐藤 洋司
発行所　さ・え・ら書房
〒 162-0842　東京都新宿区市谷砂土原町３－１
TEL 03-3268-4261　FAX 03-3268-4262　https://www.saela.co.jp/
印刷・製本　東京印書館

ISBN978-4-378-01222-3　NDC360　　　　　　　　　　　　　　　　Printed in Japan

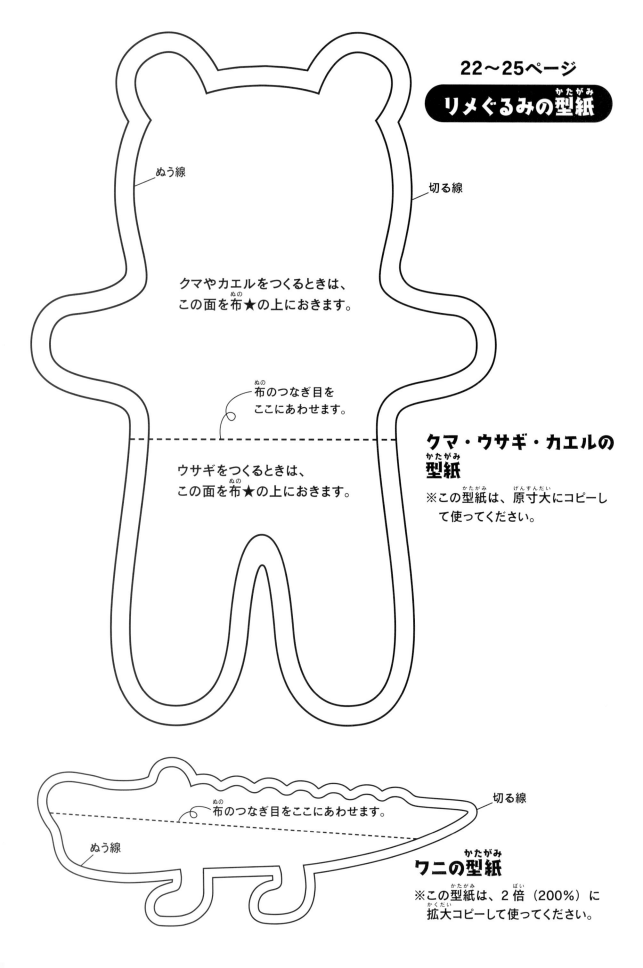

リメぐるみの型紙（かたがみ）

ぬう線

切る線

クマやカエルをつくるときは、
この面を布★の上におきます。

布（ぬの）のつなぎ目を
ここにあわせます。

ウサギをつくるときは、
この面を布★の上におきます。

**クマ・ウサギ・カエルの
型紙（かたがみ）**

※この型紙（かたがみ）は、原寸大（げんすんだい）にコピーし
　て使ってください。

布（ぬの）のつなぎ目をここにあわせます。

切る線

ぬう線

ワニの型紙（かたがみ）

※この型紙（かたがみ）は、2倍（200%）に
　拡大（かくだい）コピーして使ってください。